AF327757

VIE ET CONVERSION

MIRACULEUSE

D'A.-M. RATISBONNE

EXTRAIT DES PROCÈS AUTHENTIQUES DRESSÉS A ROME

EN 1842

TRADUIT DE L'ITALIEN,

SUR LA SEULE RELATION EXISTANT A ROME.

PAR MARIE-CHARLES V....

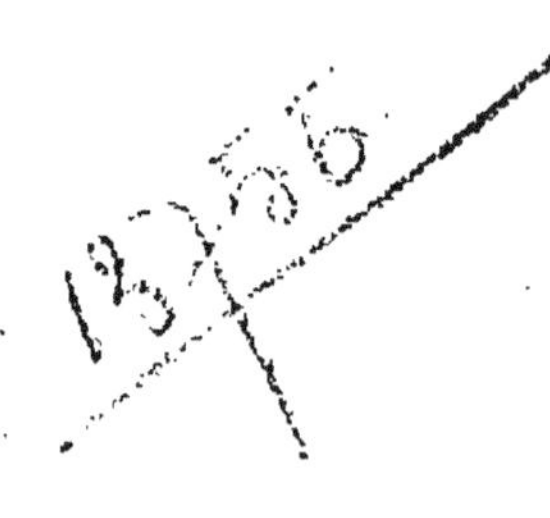

PARIS

HERMAN FRÈRES, ÉDITEURS,

RUE DE TOURNON, 7.

VIE ET CONVERSION

MIRACULEUSE

D'ALPHONSE RATISBONNE

VIE ET CONVERSION
MIRACULEUSE
D'A.-M. RATISBONNE

EXTRAIT DES PROCÈS AUTHENTIQUES DRESSÉS A ROME
EN 1842
TRADUIT DE L'ITALIEN,
SUR LA SEULE RELATION EXISTANT A ROME.

PAR MARIE-CHARLES V....

PARIS

HERMAN FRÈRES, ÉDITEURS,
RUE DE TOURNON, 7.

1843

La conversion miraculeuse d'Alphonse-Marie Ratisbonne, du judaïsme à la religion catholique, arriva à Rome le 20 mai de l'année 1842 ; le bruit en courut bientôt dans la ville. Il parut donc à propos de rédiger, selon les formes habituelles, les actes et les procès-verbaux authentiques propres à établir la vérité et l'existence de ce miracle, afin d'ôter aux incrédules la témérité d'en mal parler, aux faibles toute occasion d'être trompés, et de fortifier dans leur foi tous les vrais fidèles. C'est pourquoi l'Éminentissime et Révérendissime cardinal-vicaire Constantin Patrizi ordonna au R. D. François Anivetti, son promoteur fiscal, de dresser avec tout l'empressement et le plus grand soin possible, la procédure de cette affaire, dont il avait été chargé par délégation spéciale. D'après ces ordres, neuf témoins d'une autorité incontestable, y compris M. Ratisbonne, subirent un interrogatoire rigoureux ; après avoir prêté serment, ils déposèrent sur ce qu'ils avaient vu, entendu et connu. Tous les actes étant complétement terminés, et comme il n'existait plus de doute sur la vérité du miracle, on remit les pièces du procès à Son Éminence, afin que, les examinant, elle rendît une décision pour la gloire de Dieu et l'honneur de notre sainte mère l'Église. Son Éminence ayant lu la procédure, vu la concordance des témoignages et entendu l'avis de plusieurs consultants et autres hommes éclairés, remarquables par leur piété et leurs vertus, déclara, par un décret du 3 juin 1842, que la conversion d'Alphonse-Marie Ratisbonne était vraiment miraculeuse, et accorda la permission d'en imprimer et publier la relation. Son Éminence Révérendissime, ayant de plus ordonné qu'on formât une compilation des actes de ce procès, nous exécutons ses ordres en écrivant cette histoire, qui est prise fidèlement, et même en plusieurs endroits mot à mot, sur les actes authentiques et sur les nouvelles dépositions données sur serment à différentes époques. On les citera à chaque page. Cette relation, bien loin d'infirmer la confiance accordée à celles qui ont été publiées en divers endroits sur le même sujet, ne fera, au contraire, que la confirmer.

Lisez-la, cher lecteur, et sachez en profiter pour votre salut; car elle a été imprimée dans l'espérance que vous en recueilleriez quelques fruits.

RÉCIT.

Alphonse-Charles-Tobie Ratisbonne naquit à Strasbourg, ville du Bas-Rhin, le premier jour de mai 1814. Son père, Auguste Ratisbonne, et sa mère, Adélaïde Cerfberr, tous deux de famille juive, étaient comblés des dons de la fortune. Il fut envoyé par ses parents, pour acquérir les premières connaissances des lettres, au collége royal de Strasbourg, et de là, placé dans une maison d'éducation dirigée par des protestants, où l'on élevait un certain nombre de jeunes gens distingués. Il s'appliqua avec ardeur à l'histoire, à la géographie, aux mathématiques et à d'autres études semblables. Quelques années après étant sorti de cette maison, il tourna ses vues vers le commerce, et y entra sous la conduite et la protection d'un de ses oncles qui l'aimait tendrement, et partant le destinait à être son héritier et son successeur dans la gestion des affaires de sa banque. Il alla ensuite à Paris reprendre avec plus d'application le cours interrompu de ses études et se fit recevoir docteur en droit (1).

On voit, d'après ce que nous venons de dire en passant, l'ordre et les progrès de son éducation littéraire. Mais on n'en peut dire autant de son éducation morale et religieuse, qui, au lieu de croître et de s'améliorer avec les années, ne fit au contraire que s'affaiblir de plus en plus.

Jusqu'à l'âge de quinze ans, il fut très-attaché au judaïsme, dont il avait sucé les doctrines avec le lait de sa mère, et dans lequel il fut élevé par les conseils et l'exemple de ses parents. Il apprit l'hébreu pour pouvoir, en quelque occasion qu'il se trouvât, réciter des prières ou des psaumes, soit en public, soit en particulier ; mais, bientôt, ennuyé des difficultés qu'il rencontrait, il abandonna cette étude, se contentant de répéter quelques prières traduites en français ; alors c'était une fatigue pour lui d'assister aux offices publics qui, selon l'usage, se célébraient dans les synagogues. Brisant ainsi successivement le peu de liens qui l'attachaient par une éducation de famille à la religion de ses pères, aucune entrave ne

______

(1) Déposition 2.

pouvait l'empêcher de courir précipitamment dans l'abîme. Tel est ordinairement le triste sort de ceux qui sont nés et élevés dans l'erreur ; à mesure qu'ils croissent en âge, ils s'enfoncent dans des ténèbres plus épaisses jusqu'à ce qu'ils se perdent entièrement comme celui qui, descendant de la cime d'une montagne escarpée, fait un faux pas, rebondit de roc en roc sans que rien ne puisse l'arrêter ; alors brisé et mort, il tombe au fond du goufre.

Mais ce qui porta le coup fatal à Ratisbonne fut, à notre avis, la lecture des œuvres de Voltaire ; il faisait ses délices de cet auteur, et ainsi pénétraient dans son âme les maximes dangereuses et les faux principes. Les doctrines impies étouffaient dans son cœur le bon grain qui, s'il l'eût cultivé, aurait pu avec le temps fleurir et fructifier pour son salut. Il était d'un caractère naturellement doux et affable, surtout dans sa jeunesse, doué d'une éloquence naturelle, modeste et innocent comme nous l'affirment les témoignages de ses amis et de ses condisciples au collége de Strasbourg (1) ; et voilà que la lecture de ces

____

(1) Déposition 3.

livres de Voltaire qui, tout le monde le sait, a toujours en écrivant la raillerie et le sarcasme au bout de sa plume, ce qui le fait appeler avec raison par plusieurs un philosophe menteur et fanfaron, voilà, dis-je, que la lecture des livres de Voltaire trouble la direction naturelle de l'esprit de Ratisbonne et le fait tourner contre la religion. Il se moquait de tout ce qu'il lisait ou entendait dire des visions et des apparitions des intelligences célestes, en un mot, de tout ce qui était merveilleux et surnaturel, ainsi que des miracles les plus évidents et les plus frappants opérés par Dieu, et que rapportent les saints livres de l'Ancien Testament. N'y ajoutant plus foi, il s'efforçait de les attribuer au hasard ou à un assemblage de causes qui ne pouvaient s'élever au-dessus des lois de la nature. Cette liberté de penser l'entraîna à cette extrémité à laquelle est conduit infailliblement tout homme qui n'a pas une règle fixe et une croyance bien ferme, c'est-à-dire, comme lui-même l'a attesté, qu'il arriva à douter de l'existence de Dieu (1).

D'après cela, il n'est pas étonnant que Ratisbonne

____

(1) Déposition 2.

conçut tant d'aversion et de haine contre la religion chrétienne qui, par la sublimité de ses mystères, demande une entière soumission d'intelligence et de volonté. Jamais, comme il l'avoue lui-même, il ne se décida à lire les livres chrétiens, regardant comme superstition et idolâtrie, les rites sacrés et les majestueuses cérémonies de l'Église.

Cette répugnance augmenta beaucoup, lorsqu'il vit son frère Théodore Ratisbonne, l'esprit éclairé par une lumière céleste, concevoir la fausseté de sa religion, se faire tout à coup catholique et bientôt après recevoir la prêtrise. Ce changement subit, loin de l'adoucir, l'exaspéra davantage, l'irrita contre son frère, et il commença, pour continuer de le faire jusqu'au moment de sa conversion miraculeuse, à le poursuivre du mépris que lui valait à ses yeux le lâche abandon qu'il avait fait de la religion de ses pères. Plus d'une fois le bon Théodore tenta d'éclairer son esprit, soit de vive voix, soit par lettre ; mais il ne reçut pas de réponse, ou, s'il en eut quelquefois, ce furent des paroles âpres et acerbes.

Deux ans après, un jeune enfant, neveu de Ratisbonne, était sur le point de mourir. L'abbé Théodore ayant compassion de cette âme exposée à se perdre, le baptisa et lui ouvrit les portes du ciel. Alphonse s'enflamma de colère et exhala sa douleur en termes très-vifs (1).

Il est cependant reconnu qu'ayant un caractère doux, aimable et compatissant, il ne put s'empêcher d'éprouver de temps à autre la voix de la nature qui le portait à bien faire. Peiné à la vue des maux et de l'extrême misère de ses frères israélites, il s'appliqua avec ardeur à leur donner quelques soulagements, attachant tous ses soins à ce que la jeunesse juive, arrachée à l'oisiveté où elle s'abrutissait, se régénérât dans ses mœurs et dans les lettres, et qu'elle ne fût plus élevée dans la paresse, la corruption et l'ignorance. C'est pourquoi il voulut être inscrit comme membre d'une congrégation d'hommes, établie à Strasbourg, et qui dirigeaient tous leurs efforts vers ce but.

Ratisbonne vit accroître ses inclinations vertueuses dès que son mariage fut décidé avec Flore Ratisbonne sa cousine, jeune fille d'une pureté, d'une beauté et de qualités rares. Entraîné par son amour et ses exem-

____

(1) Déposition 1 et 2.

ples, il se sentit vivement porté à l'imiter surtout dans son zèle et sa ferveur pour la religion juive, dont elle était l'ornement et le soutien. Pour suivre ses conseils, il commença à revenir vers son Dieu, et il se préparait ainsi à recevoir cette effusion de grâces que le ciel lui réservait.

Le temps en était venu ; sa santé délicate le fit décider, d'après l'avis des médecins, à faire à Constantinople un voyage qui devait chasser de son esprit tous les soucis ennuyeux, et rendre à son corps santé et vigueur.

Il partit à la fin de l'automne 1841, alla à Naples, et s'y étant arrêté plusieurs jours pour jouir de ce ciel pur et serein, il était sur le point de retenir une place sur le bateau à vapeur pour se transporter à Palerme et ensuite retourner à Naples. Tout à coup une bonne pensée lui traverse l'esprit, il se rappelle qu'il n'a pas encore vu Rome, et que, laissant échapper cette occasion favorable, il lui serait trop difficile de la ressaisir une autre fois ; il résolut d'y aller, se promettant bien d'en partir le plus tôt possible, et de continuer son voyage vers l'Orient.

Il vint donc à Rome et y arriva le 6 janvier 1842.

Ici Dieu l'attendait pour accomplir sur lui ce miracle étonnant, que dans ses décrets incompréhensibles, il avait arrêté en sa faveur de toute éternité.

A Rome, Ratisbonne prit plaisir à parcourir avec empressement les rues et les forums, à regarder dispersés et gisant sur la terre ces grands débris de la magnificence antique, qui excitent l'étonnement et l'admiration des voyageurs. Il alla ensuite visiter les églises, du moins celles qui étaient les plus renommées par la magnificence de leur style et le fini de l'exécution ; mais ni la sainteté de ces lieux, ni les reliques sacrées des martyrs et des héros les plus vénérables de l'Église catholique, ne purent réveiller dans son cœur ni dans son esprit des pensées de religion ; et même, aux explications que lui donnaient souvent les gardiens qui l'accompagnaient tantôt en ces lieux, tantôt en d'autres qui rappelaient quelque grand prodige, il en riait comme d'un conte fait pour les enfants.

Entré dans l'église de Sainte-Marie *in Ara-Cœli*, qui est bâtie au sommet du Capitole, il se sentit tout-à-coup saisi de je ne sais quel trouble et d'un saisissement intérieur, qu'il n'avait jamais éprouvé en aucun autre endroit. Le gardien s'étant aperçu de la pâleur de son visage, lui demanda ce qu'il avait, et ajouta qu'il voyait beaucoup d'étrangers éprouver une pareille et soudaine émotion en entrant dans cette église. Quoi qu'il en soit, il est prouvé par le témoignage de Ratisbonne que l'impression qu'il ressentit dans cette circonstance, fut religieuse, oui, mais non *chrétienne.*

Au sortir de cette église, il descendit du Capitole dans le Ghetto (1), et voyant la misère de ses coreligionnaires, sa colère s'alluma et il s'irrita davantage contre les catholiques ; il écrivit des lettres pleines de feu à ses parents à la fin desquelles il déclarait qu'il aimait mieux marcher dsns les rangs des persécutés que des persécuteurs, des opprimés que des oppresseurs. Remarquons ici une chose qui n'est certainement pas arrivée sans une disposition particulière de la divine Providence, c'est que ses lettres n'étaient pas encore parvenues à leur destination, que son esprit et son cœur avaient changé : il était catholique.

(1) Ghetto est le quartier destiné aux juifs dans chaque ville d'Italie, et ne peut bien se traduire que par le mot juiverie.

Il alla de nouveau visiter l'église *d'Ara-cœli*, et je ne puis vous dire s'il y subit la même impression ; car voyant orner l'église pour une fête, il demanda pourquoi ; on lui répondit : c'est pour le baptême solennel qui doit avoir lieu dans quelques jours, de toute une famille juive, celle de Constantin Ancona ; alors il s'emporta et s'en alla l'âme pleine de courroux (1).

Gustave de Bussières habitait Rome : autrefois il avait été très-lié avec Ratisbonne au pensionnat de Strasbourg, où ils furent camarades et condisciples. C'est pourquoi Alphonse voulant resserrer de plus en plus les liens de leur ancienne amitié et de leur tendresse, allait souvent lui rendre visite pour se distraire et discuter familièrement entre eux. De son côté, Gustave saisissait adroitement toutes les circonstances de détourner la conversation et de la mettre sur la religion, avec l'intention de l'attirer dans la secte des *Piétistes* qu'il professait lui-même.

Mais Ratisbonne se tenait bravement sur la défensive, ne cédant pas un pouce de terrain à son adversaire. Si j'arrive, disait-il, à changer de religion, je

____

(1) Déposition 2.

me ferais plutôt protestant que catholique, mais heureusement je suis loin d'avoir de pareilles idées dans l'esprit; né juif, je mourrai juif. Ratisbonne, ennuyé de cette controverse, sortit brusquement en éclatant de rire, et mit fin à toute discussion par ses discours ironiques : mais Gustave ne voulut pas céder ; il revenait avec ardeur à sa dispute, mais si inutilement que son épouse connaissant le sujet de leur entretien, lui dit de quitter toute espérance, qu'il n'avancerait rien, Ratisbonne étant un juif trop incarné.

Mais les conférences qu'il eut avec le baron de Bussières, frère de Gustave, défenseur zélé de la religion catholique qu'il avait embrassée peu d'années auparavant, eurent un effet contraire. Dieu voulait se servir de lui pour répandre dans l'âme d'Alphonse les premières semences de la vérité. Rétrogradons sur les faits pour dire comment il en fut ainsi. Le baron arriva un jour à l'improviste chez Gustave où Alphonse était en visite ; ayant su qui il était, il lui fit un salut amical et lui dit qu'ayant reçu des lettres de l'abbé Théodore, et devant lui répondre, s'il avait quelque chose à lui faire connaître, il ne devait faire aucune difficulté, qu'il était à ses ordres. Ratisbonne entendant appeler son frère prêtre, lui répondit très-froidement, de manière toutefois à ne point blesser la politesse ; sur le point de se retirer, il lui annonça sa prochaine visite avant son départ pour Naples. Déjà il était résolu à ne pas le rencontrer et à s'en débarrasser par la remise d'une carte.

Cependant il presse activement son départ qui devait avoir lieu le 17 janvier. Le 15, il prend congé de tous les amis qu'il avait à Rome ; mais une chose lui pesait, c'était la promesse faite au baron de Bussières de lui faire ses adieux : cette promesse toujours présente à son esprit le tourmentait continuellement. Après maintes hésitations, résolu d'en finir, il va chez le baron, tenant à la main sa carte de visite. Il monte les escaliers et frappe à la porte. Un domestique italien n'ayant aucune connaissance de la langue française, sans attendre qu'il se nomme, lui ouvre la porte des appartements, et l'introduit dans celui où le baron, sa femme, ses deux filles et le comte de Caroli jouissaient du plaisir mutuel de leur compagnie. S'étant assis, il commença à parler de son voyage en Orient,

____

(1) Déposition 1, 2, 4, 6, 8.

il raconta et décrivit ce qu'il avait vu dans Rome , et leur confia enfin ce qui lui était arrivé dans l'église d'*Ara-cœli.* Pendant qu'il parlait , M. de Bussières était saisi d'émotion, et ses yeux brillèrent de telle sorte que Ratisbonne sembla y lire je ne sais quoi, qui lui disait : *Si tu étais des nôtres ;* mais voulant corriger aussitôt cette maladresse, il ajouta que bientôt cette bonne impression s'était évanouie ; qu'à la vue du *Ghetto* , la haine avait rempli son cœur contre les catholiques ; car il pensait qu'il valait mieux appartenir à la famille des opprimés qu'à celle des oppresseurs.

Alors Bussières, saisissant le moment propice , argumente sur la religion en serrant de près son adversaire. Le débat des deux côtés fut long et obstiné, jusqu'à ce qu'Alphonse voulant rompre le fil de la dispute où il était entraîné sans s'en apercevoir, dit qu'il n'était pas nécessaire d'approfondir cette question, que toute religion était bonne et pouvait conduire au salut, pourvu que d'un autre côté on menât une vie d'homme de bien et honnête ; que pour lui il n'aimait point qu'on abandonnât lâchement la religion qu'on avait reçue avec la vie, dans laquelle on avait été élevé et instruit. Puis, faisant une sortie contre son frère, il se plaignit amèrement de ce qu'il avait baptisé son petit neveu à l'article de la mort, et il termina en déclarant que né juif il vivrait et mourrait juif. « Mais d'après ce que vous dites, reprit le baron, si vous êtes réellement attaché d'esprit et de cœur au judaïsme, vous devriez embrasser la religion chrétienne, car toutes les prophéties qui sont écrites dans vos livres saints sont accomplies entièrement en Jésus-Christ. Et continuant, il lui démontra la force et le rapport de ces légitimes conséquences. Alphonse écoutait avec attention, mais ne pouvant plus se maîtriser, il l'interrompit. « Eh! s'écria-t-il d'une voix ferme, savez-vous que j'entends sortir de votre bouche, pour la première fois, des choses que personne, pas même mon frère, n'eût osé me dire? » Ils continuèrent encore quelques instants sur ce ton, l'un attaquant, l'autre se tenant sur la défensive, et détournant les coups de son mieux. N'ayant plus rien à répondre, il s'attacha à ridiculiser tout et à se moquer, comme il le pensait, des superstitions du catholicisme.

En ce moment, il vint à l'esprit de M. de Bussières

une idée., que nos philosophes modernes auraient trouvée ridicule, et dont ils auraient ri le plus bellement du monde ; et cependant il agit ici par l'inspiration du ciel, comme la suite des événements le démontra. Puisque vous êtes, et vous flattez d'être un esprit fort, dit-il en se tournant vers Alphonse, vous ne ferez point difficulté de recevoir et garder ce que je vais vous donner : « Qu'est-ce ? dit Alphonse. » Ceci, reprit le baron, en sortant de sa poche une de ces médailles de l'Immaculée Conception, au moyen desquelles Dieu opéra de nos jours tant de miracles ; elle ne peut vous faire ni bien ni mal, faites-moi le plaisir de l'accepter, portez-la sur vous, cela vous est indifférent, et vous me causerez la plus sensible satisfaction. A cette vue Alphonse éclata de rire et recula un peu, mais en rougissant il répondit avec assurance : Eh bien ! oui, je la porterai, et vous prouverai par là que les juifs ne sont pas si entêtés et si obstinés qu'on le croit. Le baron joyeux ordonne aussitôt à ses filles de préparer un beau ruban, il attache lui-même la médaille et la met au cou de Ratisbonne qui, la regardant avec un sourire sardonique sur les lèvres : C'en est fait, s'écrie-t-il, je suis chrétien... Voilà une aventure qui augmentera les pages du journal où j'inscris tout ce qui m'arrive de particulier.

Enhardi par ce succès, M. de Bussières le pria de vouloir bien dire à la sainte Vierge la courte prière composée par saint Bernard, et commençant par ces mots : *Memorare, ô piissima Virgo, etc.* A cette nouvelle proposition Alphonse commence à s'impatienter, son visage semblait dire : oh ! que vous êtes importun aujourd'hui ! Voulant cesser toute altercation et posséder, pour le montrer à ses parents, un monument remarquable de la superstition catholique, il céda et promit qu'il transcrirait cette oraison, garderait celle du baron et lui remettrait sa copie. Ainsi se termina cette première conférence ; Ratisbonne se retira chez lui, et Bussières étonné de ce qui venait d'arriver recommanda à ses filles de prier Dieu pour la conversion du juif.

De retour à l'hôtel *de Serny* où il logeait, Alphonse, fidèle à sa parole, transcrivit la prière et la lut et relut tant de fois qu'il se la grava dans la mémoire, y pensant à chaque instant, et malgré tous ses efforts il ne put s'empêcher de la réciter doucement du bout des lèvres comme une chose indifférente.

Pendant ce temps le baron sentit dans son cœur un ardent désir et une ferme confiance de gagner cette âme à Dieu ; il alla consulter des hommes éclairés, et, ayant reçu leur approbation, il chercha tous les moyens de faire différer le départ de Ratisbonne qui était proche. Il alla donc le voir à son hôtel; ne l'ayant pas trouvé, il y laissa un billet dans lequel il le priait de vouloir bien le venir trouver le lendemain matin. Suivant l'usage de Rome le baron devait passer quelques heures après, cette nuit-là même, avec le prince Marc-Antoine Borghèse et une autre personne de ses amis, en adoration devant le très-saint Sacrement exposé dans l'église de Saint-Barthélemy de *Bergamaschi* ; il les pria de joindre leurs prières aux siennes pour la conversion d'une personne dont il les entretiendrait le lendemain.

Le soir , au retour du théâtre, Alphonse trouva la lettre de Bussières, et cette nouvelle visite ne lui plut pas beaucoup. Cependant il fallait que le lendemain 16 janvier il allât frapper à sa porte. Il lui remit donc le papier où de sa propre main il avait écrit lui-même le *Mémorare*. Je pense bien, lui ajouta-t-il, que vou ne songez plus à vos rêveries d'hier. Toujours, répli-

qua le baron, j'y pense et y penserai continuellement,
et je suis entièrement résolu à vous tenir les mêmes
discours ; mais vous ne devez pas partir pour Naples,
je ne vous le permettrai pas , devrais-je vous mettre
sous clé dans ma propre chambre. Mais si ma place
est déjà retenue sur le navire ? dit Ratisbonne. —
N'importe, nous vous en dégagerons facilement, vous
ne pouvez quitter Rome sans avoir vu le pape et quelques fêtes solennelles à Saint-Pierre. Ratisbonne s'é-
tonnait en voyant très-bien quelles étaient, en le rete-
nant, les vues du baron, qui le prévint , lui disant
qu'à Malte où il devait séjourner plusieurs mois il
aurait tout le loisir et le temps nécessaires pour penser avec recueillement aux points de la religion qu'ils
avaient déjà discutés ensemble. Mais il avait à lutter
contre l'énergie d'un homme qui ne voulait pas plier,
et après bien des difficultés qu'il opposa, leur conversation languissant , ils sortirent ensemble de la maison. Passant devant le bureau de la diligence, le baron
prit Alphonse par le bras, l'y fit entrer de force, et
effacer, malgré ses répugnances, le nom qu'il y avait
fait inscrire ; il céda, étonné qu'une personne qu'il
n'avait jamais connue eût un tel empire sur lui. De

là, ils allèrent visiter les églises de Saint-Augustin, et celle de la maison *du Jésus* où Alphonse s'entretint quelques instants avec le père Philippe de Villefort, et fut présenté par le baron au père Jean Rozaven, religieux aussi de la compagnie de Jésus.

La conversation amenée sur la religion, le Père lui demanda de laquelle il était, car il voyait par son peu de soin à observer les usages, les cérémonies et les préceptes du judaïsme, qu'il ne le pratiquait pas, Alphonse répondit que, vivant au milieu du monde, il ne lui était pas possible de les observer avec une rigoureuse exactitude. Mais, reprit le père, cette raison ne suffit pas... cherchez plutôt si la religion juive existe encore ou non? — Pourquoi aurait-elle cessé d'exister? — Pourquoi? parce qu'elle n'a plus ni temple, ni sacrifices, ni prêtres! — Comment! mais nous avons nos rabbins. — Oui, mais ce ne sont point des prêtres légitimes, ils ne descendent plus de la tribu de Lévi, et encore moins de la famille d'Aaron; il leur manque de plus le sacrifice de l'agneau que l'on ne pouvait immoler que dans Jérusalem; enfin ils n'ont plus de temple; pourquoi depuis tant de siècles est-il détruit et dispersé? c'était cependant le seul qu'ils eussent et pussent avoir selon la volonté de Dieu... De quelle religion êtes-vous donc ? Ratisbonne répondit franchement qu'il s'en était créé une qui consistait à fréquenter l'église et à prier Dieu. C'est bien de prier, reprit le Père, mais cela ne suffit pas... oui, priez, mais priez Dieu qu'il vous éclaire, vous fasse connaître la vérité, et vous donne la force de l'aimer de tout votre cœur, puis, poursuivant, il lui expliqua comment toutes les prophéties et les figures de l'Ancien Testament s'accomplissaient dans la personne de Jésus-Christ, qui était le véritable Messie, le vrai prophète annoncé autrefois par Moïse, et il continua à lui démontrer ces mêmes dogmes.

Ratisbonne l'écoutait sans l'interrompre, ne pouvant contredire une vérité si connue ; mais à son air libre, à son regard franc et hardi, on voyait bien que ces paroles ne pénétraient point dans son âme et ne lui touchaient pas le cœur. Le Père l'exhorta donc à lire quelques livres saints, surtout les actes des apôtres et les deux lettres de saint Paul, adressées, l'une aux juifs, l'autre aux Romains, et en même temps il lui donna un exemplaire du Nouveau Testament avec une traduction française en regard. Alphonse l'accepta, lui dit que devant prochainement partir pour Naples, et de là pour l'Orient, il viendrait le voir à son retour pour continuer plus à loisir cette conférence. Cette affaire est d'une grande importance, reprit le Père, pensez-y maintenant et décidez-vous avant votre départ. Ratisbonne ne répondit pas, mais l'ayant salué, il retourna à son hôtel.

Ce même jour, le baron Théodore de Bussières alla dîner chez le prince de Borghèse où il était attendu avec d'autres invités ; entre autres le comte de la Ferronnays. Il leur raconta ses entrevues avec Ratisbonne et l'espoir qu'il avait conçu de le gagner à la foi catholique, surtout depuis qu'il lui avait suspendu autour du cou la médaille miraculeuse et en avait obtenu la récitation du *Memorare* à la très-sainte Vierge. A cette nouvelle, le comte de la Ferronnays montra toute sa joie, et déclara (ce qu'il a répété le soir à un de ses amis) qu'il avait reçu des grâces toutes particulières par le moyen de cette très-dévote prière de saint Bernard, qu'il avait apprise dans son enfance, et qu'il récitait si souvent dans toutes les circonstances de sa vie, en tout temps, pendant ses promenades et même pendant les distractions de la chasse, qu'elle venait se présenter à son esprit sans qu'il s'en aperçût ; et il termina en disant : Ratisbonne l'a récite ; si cela est vrai, bientôt Ratisbonne sera catholique. Alors il promit avec tous les convives de recommander à Dieu par l'intercession de la sainte Vierge la conversion du jeune juif. Bussières et plusieurs personnes se proposèrent de réciter la prière de saint Bernard, pendant neuf jours pour la conversion d'Alphonse.

Le lendemain, 17 janvier, Alphonse vint voir Bussières à une heure après midi ; la controverse fut renouvelée, mais inutilement ; car il se tenait avec une maligne défiance sur ses gardes, afin de ne rien concéder, se faisant un jeu de se moquer avec insouciance de la bigoterie et de la superstition des catholiques, et il terminait par des malédictions contre le Christ et sa religion. Il n'avait lu que quelques pages des livres qu'on lui avait donnés, et en discontinua la lecture, donnant pour excuse que, pour agir loyalement, il fallait qu'il eût aussi les livres écrits en faveur du judaïsme, et surtout les œuvres de Salvador. Le baron, qui voyait s'évanouir toutes ses espérances, en avait le cœur navré. Néanmoins, il ne pouvait se résoudre à chasser de sa pensée la conversion de Ratisbonne, sentant dans son cœur une voix qui le poussait à rechercher de nouveaux moyens et d'autres projets pour le convaincre et surmonter son obstination.

Ce jour-là, à onze heures du soir, se mourrait subitement monsieur le comte de la Ferronnays, laissant ses parents, ses amis, et tous ceux qu'il connaissait, sous le poids de leur tristesse et de leur affliction.

Le baron, instruit de cette nouvelle le lendemain matin, s'empressa d'aller faire aux parents ses compliments de condoléance et de mêler ses larmes aux leurs. Deux sentiments partageaient son cœur, et ne lui laissaient aucun moment de repos ; la tendre amitié qu'il avait eue pour le comte de la Ferronnays, la douleur d'une mort si inattendue, l'attirait auprès de son cercueil, dont il ne pouvait se détacher, comme d'un autre côté, son violent désir de persuader et de convertir son cher juif, qui, rebelle à ses exhortations, se disposait à partir. Après avoir longtemps réfléchi, il s'attacha à ce dernier sentiment : pensant que le comte qui, deux jours auparavant, avait promis de prier pour Ratisbonne, était maintenant au ciel et pouvait ainsi utilement le seconder, il se mit à la recherche de Ratisbonne pour l'engager à se promener ensemble ; mais, malgré tout ce qu'il fit, il ne put le rendre plus docile et moins obstiné que les jours précédents; car il interrompait tous ses raisonnements et ses réflexions sérieuses par des railleries impies et burlesques ; c'est pourquoi il voulut lui faire voir de nouveau, afin d'en tirer avantage, l'église d'*Aracœli*.

Le lendemain donc, 19 janvier, Bussières et son épouse allèrent chercher Alphonse, et, montant en voiture, ils vont au Capitole, de là au mont *Celio*, dans l'église de Saint-Étienne *Rotundo*. Le baron qui mettait tous ses soins à toucher ce cœur endurci, voulut absolument lui faire voir cette église dont l'antiquité et la structure singulière n'est pas aussi digne de remarque que les peintures à fresques disposées avec ordre sur ses murs. Là sont représentés et les massacres cruels et les supplices affreux dont on torturait les premiers martyrs de l'Église, vue capable de glacer d'effroi et de briser le cœur le plus dur. Ratisbonne fut saisi d'horreur et ému en voyant ces corps pâles et livides dégouttant de plaies et couverts de sang, déchirés par les bêtes féroces, les couteaux, les poignards, les poinçons, les clous et les ongles de fer, brûlés vifs sur des grils, coupés par morceaux, écrasés et broyés sous des poids énormes. Les uns mis en croix la tête en bas, ou encaissés debout entre des poteaux ; d'autres étendus sur le ventre et brûlés avec des fers chauds jusqu'à leur dernier soupir, et en un mot, martyrisés par la cruauté des tourments et la fureur des bourreaux. Bussières, voulant prévenir toute observation de la part d'Alphonse : les idolâtres, dit-il, en se tournant vers lui, se sont montrés trop cruels envers les chrétiens ; — les chrétiens, répondit-il, en ont agi de même envers les juifs, surtout au moyen âge.

Je ne sais si, au sortir de cette église, il tint encore des discours impies, en se rendant à celle de *Saint-Jean-de-Latran*. Là, on lui montra les figures de l'Ancien Testament, qui s'accomplirent en Jésus-Christ ; mais il reprit que cet homme avait su se ménager et s'approprier avec adresse les figures et les prophéties du véritable Messie, qui sont écrites dans le livre sacré.

En passant devant l'église de la *Sancta Scala*, O

Sainte Échelle, dit le baron, en ôtant son chapeau, voici un homme qui viendra à toi en marchant sur ses genoux. Un éclat de rire et un haussement d'épaules pour la bonhomie et la simplicité de son ami, furent la seule réponse connue d'Alphonse. Il s'apercevait bien que tous les actes et toutes les paroles de Bussières tendaient à le convertir à la foi catholique, mais il se croyait assez fort pour résister à ces assauts, disant en lui-même : le baron était protestant, et a fait une fameuse sottise en se faisant catholique, et voilà qu'il voudrait me gagner aussi. Puis, le regardant fixement, et étonné de le voir calme et serein : vous avez beau faire, lui disait-il, vous n'avancerez pas, car je suis plus fidèle à ma foi que jamais. — Ne vous étonnez pas de ma tranquillité ; car j'ai mis ma confiance en Dieu, et, par un effet de sa grâce, vous vous convertirez un jour, dût-il vous envoyer un ange. — Un miracle, il m'en faudrait deux, l'un pour m'émouvoir et l'autre pour me persuader ; mais, loin de là, de nombreuses raisons d'intérêt, d'affection et d'honneur me retiennent attaché à ma secte ; d'intérêt, car, si je me fais catholique, jamais, comme je le deviendrai bientôt, je ne serais l'associé de mon oncle (et il le fut peu de temps après sa conversion, encore ignorée de ce parent); d'affection, car il me faudrait briser les liens qui doivent m'unir à une fiancée que j'aime d'amour; d'honneur enfin, car, ayant contrarié par tous les moyens possibles la conversion de mon frère, et protégeant avec tant de chaleur mes coreligionnaires juifs, je m'exposerais aux railleries de tout le monde. Là-dessus, ils se séparèrent pour se rendre, Ratisbonne à son hôtel, et Bussières auprès du cercueil dans lequel reposait la dépouille mortelle du comte de la Ferronnays, afin de prier son âme qu'il croyait déjà sauvée, d'intercéder auprès de Dieu pour la conversion du juif, qui jusqu'alors n'avait pas été ébranlé dans sa fermeté.

Dieu jusqu'alors avait attendu patiemment; il permit que tous les soins qu'on apportait à cette conversion demeurassent inutiles, peut-être afin de mieux faire éclater sa puissance, qui brise et peut renverser en un instant les cèdres orgueilleux du Liban, et toucher le cœur insensible des enfants d'Abraham, et voulut que ce miracle que Bussières avait prédit sans le savoir s'accomplît. Et il n'envoya pas un ange à Alphonse, mais bien la reine des anges qui lui remplit le cœur de tant de grâces célestes, qu'une seconde suffit pour changer son esprit, sa volonté et son cœur, et en faire un autre homme.

Je vais raconter ici avec détail toutes les circonstances qui accompagnèrent ce miracle ; car elles peuvent être d'une grande utilité à ceux qui liront cette relation. Rentré chez lui, Alphonse se mit au lit et ne put fermer les yeux pendant plusieurs heures, agité et troublé qu'il était peut-être par tout ce qu'il avait vu et entendu dans le cours de la journée. Pendant son trouble, voilà que se présente tout à coup à lui un long et large chemin à l'extrémité duquel s'élevait une grande croix noire sans Christ, semblable, comme il le déclara lui-même dans la suite, à celle qui est représentée au revers de la médaille miraculeuse. Éveillé, il fit tous ses efforts pour chasser sa vision, mais il ne put en venir à bout, et elle dura autant qu'il plut à Dieu. Peu après elle disparut et il s'endormit. Le matin venu, à son réveil, il se rappela cette vision ; mais toujours rebelle à la grâce, il rit de lui-même, prenant ce fait pour un rêve d'enfant. Quoi qu'il en soit, cette vision était une épine placée sur son cœur, épine qui le piquait et le tourmentait sans cesse.

Désireux de trouver un soulagement à son agitation morale, il se rendit à la maison *de Jésus*, manda le père Villefort qui le conduisit dans la chapelle intérieure de Saint-Ignace. Après une conversation qui roula sur divers sujets, il se mit à lui raconter que la nuit précédente il n'avait pu fermer les yeux pendant un long espace de temps ; mais il ne parla pas de ce qu'il avait vu ; et ajoutant que, s'il n'était pas persuadé que la dispersion et l'état présent d'abjection où étaient plongés les juifs, et où Dieu les avait jetés, n'était pas une épreuve pour s'assurer de leur foi, il se ferait immédiatement catholique, mais qu'en ayant de grands doutes, il ne pouvait s'y résoudre ; puis, appuyant sa tête contre le mur, il soupira amèrement ; hélas ! dit-il d'une voix douce et plaintive, je me sens très-mal. Surpris de n'y rien comprendre, le Père l'exhorta à la prière, et agenouillé au pied de l'autel, il récita pour lui plusieurs *Ave Maria*. Mais Ratisbonne haussa les épaules, et se retira (1).

(1) Déposition 4.

Je ne saurais assurer si après cela il courut visiter Gustave de Bussières ; mais le fait est que, peut-être pour éloigner de son esprit toutes ces idées qui le torturaient, il y alla dans la matinée au moment où il rentrait de la chasse. Ce dernier fut étonné de le voir à Rome, le croyant parti pour Naples le jour qu'il lui avait indiqué ; et ayant appris qu'il y demeurait pour voir le pape et quelque auguste cérémonie à Saint-Pierre : Rassurez-vous, lui dit-il avec un sarcasme ironique, vous avez l'occasion d'en voir une superbe à Sainte-Marie-Majeure ; c'est la bénédiction des animaux : « Tant mieux, repartit Alphonse avec un sourire moqueur ; j'irai et m'y ferai bénir. Ils continuèrent ainsi à lancer des épigrammes sur la religion catholique comme on pouvait l'attendre d'un juif et d'un protestant qui, en fait d'indifférence, se valaient bien l'un l'autre : Gustave finit en le pressant de nouveau d'embrasser la secte des *Piétistes*, lui promettant alors la paix et le salut de son âme.

A onze heures Alphonse se rendit à la place d'*Espagne* et entra dans un café pour lire les feuilles publiques. M. Edmond Humann l'ayant vu, s'approcha de lui, ils parlèrent tranquillement des nouvelles de Paris et de la politique du jour ; ils furent agréablement interrompus par le baron Alfred de Latzberg, protestant, ami intime de Ratisbonne ; alors la conversation prit la tournure la plus agréable et la plus vive ; le pensionnat de Strasbourg, où ils avaient fait ensemble leur éducation, fut passé en revue, ainsi que les bals, les soirées, les chasses, les plaisirs ; en un mot, les choses les plus frivoles et les plus mondaines, mais il ne fut nullement question de l'âme et de Dieu. Dans cet instant, où il paraissait en être plus éloigné, Alphonse se rapprochait du Très-Haut. Quelques minutes encore, et les adorables décrets de la Providence vont s'accomplir en lui. Et qui de nous, habitué à juger les faits d'après les lois du pauvre entendement humain, aurait dit que Ratisbonne allait être dans quelques instants tout à fait catholique, qu'il allait détester le monde et toutes ces choses dont il parlait avec tant de plaisir et de charmes ? O Dieu puissant, que vos voies sont admirables ! que vos desseins sont profonds et cachés ! que votre miséricorde est riche et généreuse ! Vous avez bien raison de dire par la bouche du prophète Isaïe, que vos pensées né sont pas comme les nôtres, que vos chemins s'écartent de ceux des hommes; car celui-ci en est aussi éloigné que le ciel de la terre.

Alphonse sortit et arriva sur la place publique; il vit au bout de la rue *Condotti*, venant à lui, dans sa calèche, le baron Théodore de Bussières, qui l'invita poliment à y monter pour faire une promenade avec lui; il accepte, on arrive devant l'église de Saint-André, surnommée *delle Fratte*. Le baron le pria de s'arrêter un peu, devant parler à un religieux du couvent, et que bientôt il serait de retour. Mais Alphonse, au lieu de rester, voulut descendre et entrer avec lui dans l'église. Bussières se dirige vers la sacristie pour pénétrer dans le couvent, afin de faire disposer des places pour la famille de la Ferronnays, qui voulait être présente aux funérailles du comte.

Ratisbonne, appuyé contre un pilier, laissait errer son regard sur les murailles. Dans quelle disposition d'esprit entra-t-il et demeura-t-il dans cette église, nous ne pouvons mieux le faire connaître qu'en extrayant d'une de ses lettres, qui ont figuré au procès, le passage suivant : *Je suis entré dans cette église, je te le jure, aussi juif que je l'étais à Stras-*

bourg, pendant toute ma vie, et même peut-être plus (1).

Maintenant écoutons parler Ratisbonne lui-même, comme il le fit au procès et dans la suite de cette histoire ; je n'ajouterai que certains faits qu'il raconta dans un autre lieu.

« Je marchai, dit-il, dans l'église ; arrivé à l'extré-
« mité, où tout ce qu'il fallait pour les funérailles du
« comte était disposé, je fus saisi d'un grand trouble
« que je ne saurai définir. Un voile noir tomba devant
« mes yeux, et toute l'église s'obscurcit, à l'exception
« d'une chapelle, où toute la lumière semblait s'être
« concentrée ; levant les yeux sur cette chapelle étin-
« celante d'un vif éclat, qu'aperçois-je ? la très-sainte
« Vierge Marie vivante, grande, majestueuse, belle
« et pleine de miséricorde, entièrement semblable à
« l'image frappée sur le côté droit de la médaille de
« l'Immaculée Conception.

« A cette vue, je tombe à genoux à cette place,
« tentant plusieurs fois, avec effort, de lever les yeux
« sur la sainte Vierge, mais le respect et son éclat me

(1) Lettre 3.

« les firent bientôt baisser : cela n'empêchait pas que
« je n'eusse confiance de cette apparition. Je pus avec
« peine les fixer sur les siens, et j'y vis l'expression
« de mon pardon et de sa miséricorde. La présence
« de la très-sainte Vierge, qui gardait le silence, me
« fit comprendre l'horreur et la difformité du péché,
« ainsi que la beauté de la religion catholique ; en un
« mot, j'ai tout compris... Je ne puis m'expliquer
« comment, étant tombé à genoux de l'autre côté de
« la nef, dans le milieu de laquelle se trouvaient les
« apprêts de la cérémonie funèbre, qui obstruaient
« l'accès de la chapelle, je me trouvai ensuite à ge-
« noux du côté de la même balustrade, pleurant à
« chaudes larmes, le cœur gonflé de reconnaissance
« pour Marie, de pitié pour les hérétiques, les pé-
« cheurs, et ma famille ensevelie dans les ténèbres
« du Judaïsme (1). »

J'ai dit que cette apparition, arrivée le 20 janvier,
eut lieu un peu après midi. La chapelle dont nous venons de parler est dédiée à l'archange saint Michel,
qui y est représenté conduisant par la main le jeune

(1) Déposition 2.

Tobie, et je vous apprends avec plaisir que Ratisbonne portait aussi le nom de Tobie. Il fut sans doute le bon ange qui l'amena dans cette église par tant de voies et d'accidents divers, pour le mettre dans le droit chemin du salut ; et, d'après ce qui m'a encore été rapporté, c'est au pied de cet autel que M. le comte de la Feronnays venait souvent déposer des prières, qui furent exaucées par la conversion d'Alphonse (1). — La Vierge n'était pas revêtue comme on avait coutume de le faire les jours de fête, et il n'y avait aucune de ses images (2) ni sur l'autel, ni à l'entour. Entre autres circonstances particulières, Ratisbonne déclare que, dès qu'il l'aperçut dans toute sa sublime majesté et revêtue d'un habit d'une blancheur éblouissante (3), il se sentit irrésistiblement attiré vers elle, et aurait été à sa rencontre, si elle ne lui eût fait signe de la main de s'agenouiller (4). Alors elle sembla lui dire ces mots : *Toute chose va bien* (5).

(1) Déposition 6.
(2) Déposition 5 et 7.
(3) Déposition 4.
(4) Déposition 7.
(5) Déposition 8.

De retour, M. de Bussières, parcourant l'église de ses regards, vit Ratisbonne la tête baissée et appuyée sur la balustrade de la chapelle ; il s'en approche, le secoue plusieurs fois, sans qu'il donne aucun signe de vie. Revenu à lui, Alphonse se leva d'un air joyeux et calme, le visage inondé des douces larmes qui coulaient encore de ses yeux, d'une voix tremblante et entrecoupée de sanglots : Comme ce monsieur a prié pour moi ! dit-il, en montrant le cercueil de M. de la Ferronnays. Étonné et saisi d'une sainte crainte, le baron lui demande ce qu'il éprouve. Le cœur gros d'émotion, Alphonse ne put lui dire un seul mot qu'il comprit. Il le releva et le soutint jusqu'au sortir de l'église, lui fit prendre place dans sa calèche, et lui demanda où il voulait être conduit. — Où cela vous conviendra, dit-il. Après ce que j'ai vu, je vous obéirai en tout. — Mais qu'avez-vous donc ? — Je ne puis vous le dire. Conduisez-moi à un confesseur, que je me jette à ses pieds, et je vous le raconterai avec sa permission. Alors il pleura abondamment, poussa d'ardents soupirs, et, levant les yeux au ciel, il s'écriait : Oh ! que je suis heureux ! Que de grâces j'ai reçues ! Quel bonheur pour moi ! Que Dieu est bon !

Qu'ils sont malheureux et dignes de pitié ceux qui ne le connaissent pas !

Puis tirant de son sein la médaille miraculeuse, il la regarde avec délice, l'embrasse plusieurs fois en l'arrosant de douces larmes ; alors, reprenant la main de M. de Bussières, il la lui serre en signe de reconnaissance ; il appuye sa tête sur ses épaules, et lui donne ainsi mille preuves de gratitude.

Mais le baron, saisi d'étonnement et hors de lui-même, ne savait que penser ; il comprenait pourtant qu'Alphonse devait avoir vu quelque chose de merveilleux, de surnaturel, peut-être la très-sainte Vierge elle-même, dont il embrassait l'image avec une si grande effusion de cœur. Il voulait le conduire immédiatement à l'église de Jésus. Le voyant fatigué par la grande oppression de son cœur, et dans la crainte qu'il ne s'évanouît pendant le chemin, il le mène à son hôtel, il le fait asseoir dans sa chambre ; lui ouvre ses habits sur la poitrine, afin de laisser un lieu de passage au feu intérieur qui le consumait. Revenu à la vie, Alphonse l'embrasse avec tendresse, et lui dit avec une expression divine : Allons, conduisez-moi à un confesseur..... Hélas ! quand pourrai-je recevoir le saint baptême? Je ne puis plus vivre sans cela... Comme ils sont heureux ces martyrs que j'ai vu représentés dans l'église de *Saint-Étienne !* Que ne puis-je, hélas ! donner mon sang et ma vie pour Jésus-Christ (1) !

Tous deux, après s'être reposés quelque temps, se rendirent à la maison du Jésus ; on appelle le P. Villefort, et à peine l'eut-il vu, que le baron, d'une voix tremblante, lui dit : Oh ! mon père ! Ratisbonne est converti ; il a vu la Vierge Marie. Entrés dans le parloir, tous les trois, à genoux, récitent un *Pater* et un *Ave* d'actions de grâces. Ensuite, s'étant assis, Alphonse raconta sa vision d'une voix entrecoupée par ses larmes et ses sanglots, s'arrêtant souvent pour s'écrier : Je ne suis pas fou, je suis bien maître de mes sens, je ne rêve point, je ne dis que la simple vérité ; cette vision m'est apparue, elle est réelle ; et prenant sa médaille : Je l'ai vue, s'écrie-t-il, vue telle qu'elle est représentée ici ; et se tournant vers le saint Père : Quelle grâce ! ajouta-t-il, quelle grâce ! Il y a à peine une heure que je blasphémais encore Dieu...... Avec

(1) Dépositions 1 et 2.

quelle bonté le Tout-Puissant ne m'a-t-il pas retiré du fond de ma misère ! Je vois bien tout ce que j'aurai à souffrir ; mais je suis décidé à supporter toute chose, à faire une pénitence exemplaire pour effacer tous mes péchés (1).

Alphonse vit aussi le P. Rosaven et le P. général de la compagnie de Jésus, qui, en le voyant si extraordinairement ému, et presque hors de lui-même par l'abondance des consolations célestes qu'il avait reçues, lui rappela que le moment était venu de se préparer à soutenir avec courage les tourments et les combats de l'esprit qui allaient lui survénir, ajoutant que la croix était le plus cher trésor du chrétien, que quand il plaît à Dieu de nous l'envoyer, nous devons aller à sa rencontre, la recevoir avec joie et la saisir avec empressement pour la porter à la suite du Christ, notre modèle. Le Père prit ensuite le livre de l'Écriture sainte, et lui lut, fort à propos pour la circonstance, une grande partie du second chapitre de l'Ecclésiaste : *Fili, accedens ad servitutem Dei, sta in justitiâ et timore, et præpara animam tuam ad*

(1) Déposition 4.

3*

tentationem, deprime cor tuum, et sustine ; inclina aurem tuam et suscipe verba intellectûs, et ne festines in tempore abductionis. Sustine sustentationes Dei ; conjunge te Deo, et sustine ; ut crescat in novissimo vita tua, etc. Alphonse écouta ces paroles comme venant de la bouche de Dieu même, et en fut tellement frappé, qu'il ne les oublia pas. Les jours suivants il les répétait sans cesse, et elles lui plurent tant qu'il alla chez le père en prendre une copie, pour les avoir continuellement sous les yeux et les méditer à loisir (1). De la maison des jésuites, Bussières le conduisit dans les deux basiliques de Saint-Pierre et de Sainte-Marie-Majeure. Je ne puis passer sous silence ce qui arriva dans ces deux églises, et cela, afin de fournir au lecteur une raison de glorifier la bonté et la miséricorde infinies de Dieu, qui distribue si généreusement ses grâces à ceux qui répondent de tout leur cœur à sa voix. En adoration devant le très-saint Sacrement, dans l'Église de Sainte-Marie-Majeure, Alphonse eut un si vif sentiment et fut tellement saisi de la royale présence de Jésus-Christ, qu'il faillit tom-

______

(1) Déposition 9.

ber évanoui; il s'écriait dans l'ardeur de ses sentiments : Hélas! qu'il est horrible de rester en présence
de Dieu, souillé par tant de taches qui ne sont pas encore lavées et effacées dans l'eau du baptême. Il se
leva et alla se prosterner dans un coin de la chapelle
de la Sainte Vierge, disant qu'il ne craignait plus rien,
placé sous le manteau et l'égide de cette mère miséri-
cordieuse.

M. de Bussières lui racontait, auprès des tombeaux
de saint Pierre et de saint Paul, la conversion miraculeuse de ce dernier, qui fut arrêté sur le chemin de
Damas, où il allait persécuter les chrétiens, et qui,
par la grâce de Dieu, de persécuteur de l'Église de-
vint son apôtre. Ratisbonne en fut touché, et dit qu'il
était heureux d'y voir quelque analogie avec sa conversion.

Les sentiments qu'il éprouvait dans l'église étaient
bien différents de ceux qu'il avait ressentis auparavant.
Les catholiques, disait-il, font bien et ont raison d'en-
tourer leurs temples de splendeur. Quelle consolation
n'a-t-on pas à y demeurer ! Tout autre amour dispa-
raît de mon cœur, et mon esprit voit s'envoler toutes
ses pensées terrestres et mondaines ; il me semble être

au paradis. Malheureux ceux qui gisent dans les ténèbres de l'erreur, ignorant toutes ces choses! et ses pas ne pouvaient se détacher des églises ; on était obligé de l'entraîner presque par force.

En route il s'étonnait, avec M. de Bussières, que cette amitié *posthume*, comme il le disait lui-même, l'attachait si étroitement au comte de la Ferronnays ; il pensait au moyen de lui en témoigner sa reconnaissance. En effet, revenu chez les jésuites, il pria le P. Villefort de lui permettre de passer la nuit en prières auprès du cercueil du comte, dans l'église de Saint-André. Mais le Père, qui connaissait l'ébranlement qu'il avait éprouvé dans sa santé les jours précédents, et le voyant maintenant affaibli par les larmes qu'il avait versées et les émotions qu'il avait éprouvées, sans lui refuser sa demande, ne la lui accorda pas entièrement ; il dit qu'il lui suffirait de rester dans l'église de Saint-André jusqu'à dix heures. Alphonse y consentit et obéit ponctuellement. Que fit-il et quelles prières ferventes adressa-t-il au ciel dans cette église fermée? Dieu seul le sait. Nous savons seulement, par le témoignage de ceux qui le virent (1),

____

(1) Déposition 5.

qu'il resta presque toujours à genoux, qu'il lut tantôt un livre d'Heures, tantôt méditait en répandant des torrents de larmes, et qu'il se leva deux ou trois fois pour s'approcher du cadavre du comte, et que là, debout, il le considéra longtemps.

Cependant M. de Bussières avait informé le prince de Borghèse et sa pauvre famille de ce qui était arrivé. On ne doit pas demander quelle fut leur joie ; Gustave de Bussières, le *Piétiste*, ayant entendu de la bouche de son frère le récit de la conversion d'Alphonse, s'étonna : Si les faits se sont passés ainsi, c'est vraiment un miracle, dit-il ; car, il y a quelques heures, j'ai causé avec Ratisbonne, et il était loin de vouloir se faire catholique. Voulant le voir ce soir même, il alla avec son frère chez le prince Borghèse et une autre personne, pour le chercher à l'église de Saint-André, pour le ramener chez lui. Ratisbonne lui raconta lui-même ce qui s'était passé ; il en fut tellement surpris et ému, qu'il s'écria à plusieurs reprises : C'est un miracle ; je ne puis en douter. Et sur le moment même il demanda une médaille pour lui et pour son épouse, promettant de la porter toujours. Il est certain qu'il n'aurait pu résister aux tourments et aux inquiétudes qui déchirèrent son cœur pendant plusieurs jours, et il aurait abjuré ses erreurs sur le catholicisme, si, par malheur, un accident dont nous ne croyons pas devoir parler n'y fût venu mettre obtacle (1).

Une scène des plus tendres et des plus touchantes se passa dans la famille de la Ferronnays, où Alphonse alla, je ne sais si ce fut le second jour de sa conversion. Il y raconta de nouveau ce qui lui était arrivé, ajoutant qu'il devait en bonne partie sa conversion aux prières du comte. Alors les larmes de douleur qu'on avait versées sur sa mort se changèrent en larmes de tendresse et de consolation. Ratisbonne embrassa tous les membres de la famille, ne sachant comment leur témoigner toute sa gratitude, il les pria de recevoir cette faible marque de son affection et de sa reconnaissance.

Après cette première visite, Ratisbonne se livra entièrement au P. Philippe de Villefort, pour apprendre la vérité de la foi et se préparer à recevoir le saint baptême ; mais il n'y avait vraiment pas à s'en tour-

____

(1) Dépositions 1, 3, 8.

menter. Dieu lui avait éclairé l'esprit d'une manière si surnaturelle, qu'il apprit parfaitement et très-vite ce que sans cela il n'aurait pu connaître sans beaucoup de peine et de fatigue. Si on lui expliquait les points les plus délicats du dogme, il baissait humblement la tête. Quelquefois les vérités de la religion catholique le persuadaient et le frappaient tellement, que, se mettant à genoux, la tête baissée, il récitait un acte d'humilité qu'il prolongeait longtemps.

Il se réjouit grandement à l'approche du jour de son baptême. Il lut dans le Rituel toutes les saintes cérémonies que l'Église, selon sa coutume, fait parcourir aux néophytes en de telles circonstances, et il s'en trouva heureux. De temps en temps il répétait avec des soupirs embrasés, le premier verset du Psaume XL. *Quemadmodum desiderat cervus ad fontes aquarum, ità desiderat anima mea ad te, Deus.*

Il aimait à rester seul pendant ces trois jours, pour livrer à Dieu son cœur et son âme, refusant toute visite, si ce n'est celle que la dignité de la personne lui faisait un devoir d'accepter. Il ne sortait pas, si ce n'est pour visiter quelques églises et adorer le saint Sacrement, comme il le fit la nuit du 22 janvier, allant avec le baron Bussières à Saint-Marcel, où il resta quatre heures de suite à genoux en tendre entretien avec Dieu. Non content de cela, il voulut avant son baptême passer dans la maison des jésuites trois jours en prières, en lectures pieuses et dans la plus stricte retraite. Le cardinal Mezzofanti vint le voir et s'entretint avec lui pendant une demi-heure, des choses spirituelles; Alphonse ajoutait de temps en temps de bonnes réflexions adaptées au sujet. Enfin, le cardinal lui recommanda l'humilité, vertu si chère à Dieu et qui nous est si nécessaire; il répondit que la vie de Jésus-Christ n'inspirait rien autre chose que cette même humilité.

Le 31 janvier au matin, les ardents désirs de Ratisbonne furent couronnés; il reçut dans l'église de Jésus, de la main du cardinal Constantin Patrizi, le baptême, la confirmation et la sainte communion. Je n'essaierai pas de décrire l'ordre et la marche de cette cérémonie solennelle qui vint consoler Rome entière. Ceux qui veulent la connaître, n'ont qu'à la lire dans la narration de M. de Bussières, où elle est racontée dans tous ses détails. Je dirai seulement que c'était une chose attendrissante pour tous les cœurs, que de voir un homme, naguère juif opiniâtre, revêtu aujourd'hui d'habits blancs, le rosaire de la Sainte Vierge dans les mains, venir demander, les yeux mouillés de larmes, avec un air inspiré du ciel, au milieu d'une foule de peuple, à être régénéré dans les eaux du baptême. La ferveur avec laquelle le nouveau converti s'approcha, pour la première fois, de la sainte table, pour y recevoir le pain des anges, fut bien étonnante ; car, surchargé des consolations célestes, il faillit s'évanouir, fut obligé de s'appuyer sur son parrain M. de Bussières.

Voulant conserver dans son âme le feu divin dont son cœur était enflammé, voulant consacrer toutes ses pensées à Dieu et éviter les divertissements licencieux du carnaval, dont le temps approchait, il se retira dans la maison des jésuites, où les choses de ce monde ne viendraient pas le poursuivre.

Peu de temps après, c'est-à-dire le 5 février, il commença et continua pendant huit jours les exercices de saint Ignace.

Personne, pas même le Père qui fut son directeur, ne put exprimer toutes les faveurs dont le ciel le combla pendant ce temps. Il se plongeait dans la médilation des choses spirituelles, et aimait à se perdre dans les désirs du paradis. Méditant surtout la Passion de notre Seigneur Jésus-Christ, son ardeur et ses impressions furent telles qu'il en ressentit une légère fièvre (1).

Cette retraite alluma dans son âme le généreux désir de résister dans les combats que le monde et la chair lui livreraient. Et l'occasion de le prouver ne lui fit pas défaut. Son oncle, en apprenant sa conversion, en fut désolé, et fit sur-le-champ partir pour Rome un frère d'Alphonse pour le détourner du baptême. Celui-ci arrivé à Marseille se fit précéder à la poste par un gros paquet de lettres de ses parents et de ses amis, toutes remplies de plaintes, de reproches, de menaces, et d'autant d'éclats de mépris que l'amour en exprime lorsqu'il est transporté d'une colère jalouse ; Alphonse les reçut, se mit à genoux, se recommanda à la Vierge ; puis il les ouvrit, les lut et y répondit avec autant de calme que de tranquillité d'esprit, donnant aux siens de ses nouvelles tout en combattant leurs raisons avec fermeté.

(1) Déposition 4.

Pendant le peu de jours qu'il passa à Rome, après sa conversion, Alphonse fut un sujet de grande édification pour ceux qui le fréquentèrent. Ayant confiance en lui, on le vit mépriser les honneurs, les richesses, l'opinion et tous les plaisirs et les délices de ce monde, parler avec sagesse du ciel et de Dieu. Ayant une grande faim de l'Eucharistie, on fût obligé de le laisser plusieurs fois la semaine approcher de la sainte table. En résumé, il fit de tels progrès dans le chemin de la vérité, que beaucoup d'anciens fidèles se croiraient heureux de pouvoir l'y égaler. Le lecteur se rappelle ici les sentiments et les sophismes qui dominaient Ratisbonne peu de jours auparavant, et il verra qu'il ne fallait rien moins qu'un miracle de la divine Providence pour opérer un changement si subit et si inattendu.

Mais il vaut mieux, pour finir cette histoire, l'entendre raisonner lui-même sur sa miraculeuse conversion. Trois des lettres qu'il écrivit à sa famille, comme je l'ai dit plus haut, sont consignées au procès. De deux d'entre elles j'extrairai quelques fragments, qui serviront à faire ressortir beaucoup mieux ce que nous avons dit, et à faire connaître lés lumières et les grâces que le Saint-Esprit lui accorda pour faire d'un ennemi qu'il était de la religion, un disciple dévoué, un zélé défenseur.

« Si je n'avais été catholique et sain d'esprit et de
« corps, dit-il dans sa première lettre (1), les vôtres
« m'auraient donné la mort ou rendu fou ; mais je
« suis chrétien, et après toutes les grâces que j'ai re-
« tirées depuis une semaine d'un aliment divin, je
« ne suis point affaibli... et cela né vous ouvre pas
« les yeux ! Dans le feu de mes prières, j'ai des con-
« solations et de la résignation ; j'ai pleuré, et j'ai été
« consolé ; je n'en suis pas cependant moins affligé ;
« non pas pour la manière dont on peut interpréter
« ma conversion, ni la fange et les immondices qu'on
« me jette et me jettera encore au visage ; oh non ! ce
« n'est pas pour cela. Les juifs n'en ont-ils pas usé
« ainsi avec le Messie lui-même ? et je suis heureux de
« recevoir les mêmes injures qu'il a souffertes ; notre
« divin Maître m'apprend lui-même à les supporter.
« Si je suis affligé, c'est de votre douleur, de votre
« aveuglement, de votre perte, de votre folie et de

____

(1) Lettre 2.

« vos raisonnements sans propos. Je vous jure, ô
« mon excellent N. N., sur tout ce qu'il y a de plus
« sacré, que ma conversion est un fait miraculeux...
« Si j'avais voulu jouer une comédie, je vous en aurais
« parlé plus au moins au long, dans mes lettres pré-
« cédentes. Ne savez-vous pas, sophistes, que vous
« cherchez mille détours pour apprendre quelque
« chose ; car vous ne connaissez rien. Comment
« peut-on supposer que, sans un motif grave, sé-
« rieux, insurmontable, j'eusse pu méditer une ac-
« tion qui peut jeter le trouble dans le sein de ma
« tendre famille, compromettre mon mariage avec
« Flore ; et je ne puis dire comme je l'aime ! une ac-
« tion qui put blesser mes intérêts particuliers ! Tout
« bien-être, toute félicité ont disparu pour moi de ce
« monde, et pourquoi ? pour une religion que je
« connais à peine et contre laquelle j'étais toujours
« irrité. »

« La philosophie moderne.... est vraiment une
« chose singulière ; elle nous répète sans cesse que
« toutes les religions sont bonnes et toutes égale-
« ment vénérables, reposant sur les mêmes prin-
« cipes, n'ont point de différence entre elles, si ce

« n'est dans les simples formes du culte et dans le
« nom des choses. Combien de fois ne vous ai-je pas
« entendu dire et répéter ces paroles inventées
» pour m'épargner la peine de m'occuper de cette
« question *puérile.* Eh bien ! si toutes les religions
« sont bonnes, pourquoi nous quereller tant lors-
« que quelqu'un se convertit à une autre religion ?
« Pourquoi encore, si tels sont vos principes, qua-
« lifier une conversion du nom *d'apostasie,* et de
« semblables épithètes reçues dans le beau monde.
« *Dans le siècle où nous sommes,* disent les athées,
« peu importe d'être catholique, juif, protestant ou
« Turc, pourvu que l'on vive honnête homme. Pour-
« quoi tant vous tourmenter, puisqu'il en est encore
« de même aujourd'hui? Mais, direz-vous, *il est*
« *horrible de renier la foi de ses pères.* Mais dis-
« tinguons : je ne renie point la religion d'Abraham,
« de Moïse, ni les choses annoncées par nos prophè-
« tes Isaïe, Malachie, etc., je ne renie point David
« et Salomon ; mais je renie Judas. Je crois à ceux
« qui ont reconnu le Messie ; non à ceux qui l'ont
« livré.... »

Dans une lettre il continue ainsi :

« Je suis entré dans l'église (de Saint-André), je te
« le jure aussi juif que je pouvais l'être à Strasbourg,
« et pendant toute ma vie, peut-être encore plus,
« et voilà que cinq minutes après j'en sors chrétien ,
« fervent catholique et prêt à renoncer avec joie à
« toutes les choses de ce monde. Que m'était-il donc
« arrivé? Un miracle, direz-vous peut être en riant.
« Riez, oui, riez, impies! une heure terrible viendra
« pour chacun de vous. Alors vous ne rirez plus, et
« vous penserez sérieusement alors à ce que je vous
« dis maintenant. »

« On me fera certainement passer pour fou, et
« moi aussi je le disais de mon frère Théodore,
« dont la conversion ne ressemble pas à la mienne,
« qui vous paraîtra plus folle. Doutera-t-on de Dieu
« en présence de ses merveilles, et me plaindrai-je
« qu'il y ait des incrédules? Insensé que je suis, de-
« mande-t-on à un fou s'il est atteint de folie? On
« cherchera à assigner une cause à ma conversion ;
« c'est, dira-t-on, l'ambition, une lâcheté envers ses
« frères juifs, l'amour de l'argent, son humeur con-
« nue, porté à la mélancolie, les sollicitations de

« personnes étrangères, et ils s'efforceront de don-
« ner une cause que je ne connais pas moi-même.
« Eh! quelle est donc la plus propre à mon am-
« bition que celle qui s'attachait à ma profession
« de juif! Mais quel avenir plus éclatant m'attire
« en ce monde ma qualité de chrétien? Qui plus
« que moi avait formé le dessein de *régénérer* les
« juifs? Tout le monde se rappelle la fameuse *latte-*
« *rie*, persécuta-t-elle plus que je ne persécutais
« Théodore? Tout ce que je viens de dire regarde
« ma personne. Depuis longtemps mon corps n'a
« joui d'une santé si parfaite, et ma mélancolie natu-
« relle est effacée par une douce tranquillité qui
« paraît sur le visage des vrais catholiques. Je vais
« dire un mot de mon avidité pour l'argent, seul
« mobile de notre siècle et le Dieu de notre épo-
« que, satan en personne. Vous savez bien ce que
« j'avais à gagner par ma conversion. Qui peut dou-
« ter de mon amour pour Flore? qui connut mieux
« que moi la douce vie de famille? qui lui causa
« plus de plaisir? fut-il un fils plus aimé, un neveu
« plus affectionné, un oncle plus chéri? Quant à
« mes connaissances, je n'étais lié qu'avec le pro-

« testant Bussières ; mais je connus par un hasard
« fortuit M. Théodore de Bussières, catholique,
« avec lequel je vécus quatre ou cinq jours dans la
« plus grande intimité. Pour mes lectures, selon ce
« que j'ai déjà raconté, je n'ouvris jamais aucun
« livre de religion, et ce fut mon malheur, car au
« lieu de m'exposer à rester jusqu'à la mort dans
« les ténèbres et l'obstination de mon aveuglement,
« j'aurais pu connaître la vérité dont le flambeau
« s'allume au foyer de la raison, et brille pour les
« personnes de bonne volonté.

« Je défie enfin tout homme du monde, de me
« dire comment on peut faire une conversion con-
« traire aux affections de cette vie et aux intérêts de
« la terre, sans accorder que ce soit un miracle ou
« une sublime folie. Vous vous arrêterez à cette der-
« nière pensée, dans la crainte de rechercher le vé-
« ritable miracle de ce changement. Mais malgré
« vous vous y penserez, car je n'ai pas reçu du ciel
« une si grande faveur, seulement pour mon salut ;
« elle doit profiter pour celui de notre âme, et la
« conversion de plusieurs autres viendra après la
« mienne. Vous en rirez pendant le jour, mais la

« nuit, étendu sur votre couche, vous serez contraint
« d'y penser sérieusement. Il y a la nuit des heures
« où l'inspiration s'empare de l'homme ; suivez-la, et
« le lendemain ne vous laissez pas entraîner par le
« torrent de l'iniquité qui vous ballotte depuis si
« longtemps. Pourquoi les catholiques se chargent-
« ils de la conversion de nos frères ? Mais c'est parce
« qu'ils ont le bonheur de connaître la vérité et doi-
« vent l'enseigner aux malheureux qui se perdent
« par ignorance, par orgueil et par indifférence.
« Adieu, mon cher.... adieu. »

A. M. D. G.

TRADUCTION

DU DÉCRET LATIN

PUBLIÉ PAR LE CARDINAL CAMILLE DIAMILLA
SUR L'ORDRE DE N. S. P. LE PAPE.

———————

Au nom de Dieu. Ainsi-soit-il.

L'an de notre Seigneur Jésus-Christ 1842, indiction romaine XV, le 3 juin de la douzième année du pontificat de N. S. P. le pape Grégoire XVI.

Par-devant son Éminentissime et Révérendissime personne, le cardinal Constantin Patrizi, vicaire-général de notre saint-père le Pape dans la ville de

Rome, juge ordinaire de la justice romaine et de son ressort..... Le révérendissime D. François Anivetti, promoteur fiscal du tribunal, vicaire et délégué par son Éminentissime et Révérendissime personne le cardinal-vicaire ; par la recherche et l'interrogation des témoins sur l'événement miraculeux de la conversion d'Alphonse-Marie Ratisbonne, né à Strasbourg, âgé de 23 ans, conversion qu'il a obtenue par l'intercession de la bienheureuse vierge Marie. Le promoteur déclara qu'après avoir accepté avec autant d'empressement que de joie la mission qu'on lui avait confiée, il mit tous ses soins à la remplir avec l'exactitude et le plus grand scrupule possible, et qu'après avoir interrogé neuf témoins selon les formalités prescrites, et voyant qu'ils s'accordent tous dans l'ingénuité délicate de leurs réponses, sur le fait formant la matière de la procédure, il n'hésite pas à déclarer hautement que ce fait surprenant renferme tous les caractères constituant l'essence d'un véritable miracle.

Toutes les pièces de la procédure furent remises à son Éminentissime et Révérendissime personne le cardinal-vicaire, pour en donner son avis, lequel après avoir lu et examiné les actes, les interrogatoires et les divers documents, jugera dans le Seigneur s'il convient de rendre un décret définitif sur ce sujet.

C'est pourquoi l'Éminentissime et Révérendissime Mgr le cardinal-vicaire de la ville de Rome, vu le procès, vu la procédure, vu l'interrogatoire des témoins, après avoir pesé toutes les diverses circonstances de cette affaire; ayant requis l'avis des théologiens et autres personnes pieuses, selon ce que prescrit le saint concile de Trente, section XXV, sur l'invocation des saints, leur culte, leurs reliques et leurs images, déclara qu'il en ressortait évidemment l'existence d'un miracle, opéré par le Dieu très-bon et très-puissant, à l'intercession de la bienheureuse vierge Marie, savoir la conversion d'Alphonse-Marie Ratisbonne du judaïsme à la foi catholique. Et parce qu'il est honorable de publier et de révéler les œuvres de Dieu, et parce qu'il faut aussi glorifier Dieu et augmenter la dévotion des chrétiens envers la bienheureuse vierge Marie, son Éminence a daigné permettre que cette narration fût imprimée et rendue publique.

Donné au palais de l'Éminentissime et Révérendissime Mgr le cardinal-vicaire, juge ordinaire....
l'an, le mois et le jour ci-dessus désignés.

C., cardinal-vicaire.

Camille DIAMILLA, *not. dép.*

Pour copie conforme :

JOSEPH, chanoine,

TARRASSI, secrétaire.

CANTIQUE A LA SAINTE VIERGE.

I

Air : *Du Fil de la Vierge.*

De ton trône éclatant écoute-nous, Marie,
Du haut des cieux,
Sur nous, sur tes enfants, Mère auguste et chérie,
Jette les yeux.

De ce regard si doux dont rayonnent les anges,
 Éclaire-nous ;
Au lieu saint nous chantons tes divines louanges
 A deux genoux.

De l'an le plus beau mois, du jour la plus belle heure,
 Brillent pour toi ;
N'es-tu pas le soleil dont sur nos toits demeure
 La sainte loi ?

N'es-tu pas le rayon qui fait mûrir et dore
 Les blés aux champs ?
N'es-tu pas la lumière et n'es-tu pas l'aurore,
 Mère des chants ?

II

Par toi Dieu fait pour nous fleurir la blanche rose,
 Sur l'églantier ;
Par ta main tutélaire, en nos champs il dispose
 Le lis altier.

Il le revêt pour toi de vêtements plus rares
Que ceux des rois ;
Tu fais fleurir au cœur les vertus, et tu pares
La fleur des bois.

Tu fais croître pour nous, sur l'arbre de souffrance,
Fruits moins amers ;
Aux matelots perdus tu donnes l'espérance,
Au fond des mers.

Trois fois durant le jour les mortels et les anges
Et les élus ;
Te donnent le bonjour et chantent tes louanges,
A l'*Angelus*.

III

Entre l'âme qui lutte et le désir qui tente,
L'homme et Satan,
Protectrice du faible et Mère vigilante,
Ton bras attend.

Malheureux le pécheur qui, dans le fond de l'âme,
    Peut t'oublier.
L'homme qui souffre en toi voit sa force, et la femme
    Son bouclier.

Tu veilles au chevet de la vierge modeste
    Pour la sauver ,
Et des chastes plaisirs du Paradis céleste
    La fais rêver.

Au païen aveuglé dans sa nuit ta lumière
    A toujours lui ,
Et le pécheur te voit à son heure dernière,
    Priant pour lui.

G. L. V.

A NOTRE DAME

SONNET.

Mère de Dieu, choisie entre toutes les Mères,
Pour porter dans ton sein Jésus, notre Sauveur,
Par combien de tourments et de douleurs amères
Ton cœur dut expier cette auguste faveur !

Pour sauver son berceau des cruelles chimères
Dont Hérode abusé nourrissait sa fureur,

Il te fallut, calmant ses douleurs éphémères,
Confier son enfance au désert protecteur ;

Et quand au Golgotha, sur une croix immonde,
Au prix de tout son sang il rachetait le monde ,
Le trait réparateur sur ton cœur retombait.

Mais on ouït sa voix, à son heure dernière,
Qui d'un triste abandon se plaignait à son Père ,
— Et sa Mère pleurait au pied de son gibet.

G. L. V.

Paris. — Imp. de H. Vrayet de Surcy et Cᵉ., rue de Sèvres, 37.

Impr. de H. Vayet de Surcy et Cᵉ., rue de Sèvres,